BEI GRIN MACHT SICH IHR WISSEN BEZAHLT

- Wir veröffentlichen Ihre Hausarbeit, Bachelor- und Masterarbeit

- Ihr eigenes eBook und Buch - weltweit in allen wichtigen Shops

- Verdienen Sie an jedem Verkauf

Jetzt bei www.GRIN.com hochladen und kostenlos publizieren

Ina-Eleftheria Sachariadis

Koketterie in fremden Kulturen - Übersetzerseminar

GRIN Verlag

Bibliografische Information der Deutschen Nationalbibliothek:

Die Deutsche Bibliothek verzeichnet diese Publikation in der Deutschen Nationalbibliografie; detaillierte bibliografische Daten sind im Internet über http://dnb.d-nb.de/ abrufbar.

Dieses Werk sowie alle darin enthaltenen einzelnen Beiträge und Abbildungen sind urheberrechtlich geschützt. Jede Verwertung, die nicht ausdrücklich vom Urheberrechtsschutz zugelassen ist, bedarf der vorherigen Zustimmung des Verlages. Das gilt insbesondere für Vervielfältigungen, Bearbeitungen, Übersetzungen, Mikroverfilmungen, Auswertungen durch Datenbanken und für die Einspeicherung und Verarbeitung in elektronische Systeme. Alle Rechte, auch die des auszugsweisen Nachdrucks, der fotomechanischen Wiedergabe (einschließlich Mikrokopie) sowie der Auswertung durch Datenbanken oder ähnliche Einrichtungen, vorbehalten.

Impressum:

Copyright © 2005 GRIN Verlag GmbH
Druck und Bindung: Books on Demand GmbH, Norderstedt Germany
ISBN: 978-3-656-07897-5

Dieses Buch bei GRIN:

http://www.grin.com/de/e-book/54364/koketterie-in-fremden-kulturen-uebersetzerseminar

GRIN - Your knowledge has value

Der GRIN Verlag publiziert seit 1998 wissenschaftliche Arbeiten von Studenten, Hochschullehrern und anderen Akademikern als eBook und gedrucktes Buch. Die Verlagswebsite www.grin.com ist die ideale Plattform zur Veröffentlichung von Hausarbeiten, Abschlussarbeiten, wissenschaftlichen Aufsätzen, Dissertationen und Fachbüchern.

Besuchen Sie uns im Internet:

http://www.grin.com/

http://www.facebook.com/grincom

http://www.twitter.com/grin_com

Johannes Gutenberg-Universität Mainz
FASK
Neugriechische Abteilung
„Übersetzerseminar"
Thema: „Koketterie in fremden Kulturen"
Vorgelegt von: Ina Sachariadis
WS 2004/2005

„Koketterie in fremden Kulturen"

1 Vorwort S.1
1.1 Aufbau S.1
1.2 Ziel S.2

2 Der Übersetzungsauftrag S.2

3 die Ausgangstextanalyse S.3
3.1 die Anwendung der Lasswell-Formel S.4

4 Die Übersetzungsstrategie und die Erwartungen vom ZT S.5

5 Die Übersetzung S.6
  Koketterie in fremden Kulturen S.7
    Einleitung 1 ....S.7
    Einleitung 2 ....S.7
    ASIEN S.7
      Apatani S.7
      Desia S.7
      Dogria S.8
      Bondo S.8
      Banjara S.8
      Da-Hanou S.9
      Laitou S.9
      Padong S.9
      „Langhörnige Miao" S.9
    OZEANIEN S.10
      Dani S.10
    AFRIKA S.10
      Mursi S.10
      Samburu S.10
      Bororo S.10
    AMERIKA S.11
      Kuna S.11
    SAGEN UND TRADITIONEN S.11
    BILDER S.11

6 Übersetzungskritik S.13
6.1 Eigene Vorgehensweise S.13
6.2 Aufgetretene Übersetzungsprobleme S.13
    Der Titel S.14
6.2.1 Ausgangstextspezifische Übersetzungsprobleme S.14
    Verbesserung des AT S.15
6.2.2 Sprachenpaarspezifische Übersetzungsprobleme S.15
    Anpassung an die ZS S.15
    Lexikalische Probleme und Recherchearbeit S.15
6.2.3 Pragmatische Übersetzungsprobleme S.17
    Metapher S.18
6.3 Beurteilung der Arbeit S.18
Quellenverzeichnis S.19
Internetquellen S.19
Anhang

Originaltext1 Vorwort

> *„In Vor- und Nachworten zu ihren Übersetzungen sowie in Erfahrungsberichten über ihre Übersetzungsarbeit gehen die Übersetzer auf prinzipielle Entscheidungen ein; es sind oft eigentliche Erfahrungs-, Rechenschafts- und Rechtfertigungsberichte, in denen Übersetzungsprinzipien und -methoden, aber auch Einzelentscheidungen verteidigt und praktische Schwierigkeiten erörtert werden. Aus ihnen lassen sich die expliziten Übersetzungstheorien der Übersetzer rekonstruieren –dies eine unabdingbare Voraussetzung für die Übersetzungskritik"*[1]

Im Rahmen des „Übersetzerseminars" wurde folgende Arbeit verfasst. Es handelt sich dabei um eine „kommentierte Übersetzung" aus dem Griechischen ins Deutsche.

Die Seminarteilnehmer, im Folgenden „Übersetzer" genannt, wählen einen Text begrenzten Umfangs (ca. 2000 Wörter) aus und übersetzen ihn unter Anwendung einiger der im Unterricht behandelten Übersetzungstheorien.

> *"Every translation is an interpretation that implies the making of choices, and the reader has the right, to know the criteria used by the translator to arrive at his choices"*[2]

In dem theoretischen Teil der Arbeit wird geschildert, wie das Übersetzungsprodukt entstanden ist.
Das bedeutet konkret, dass die befolgten Vorgehensweisen beschrieben, die während der Übersetzung aufgetretenen Probleme aufgezeigt, ihre Lösungsansätze und die dabei berücksichtigten Theorien diskutiert werden. Außerdem wird die geleistete Recherchearbeit besprochen, d.h. der Umgang mit Hilfsmitteln wird ausgeführt, unbekannte Termini erläutert und somit die jeweiligen Übersetzungsvorschläge und -entscheidungen gerechtfertigt.

1.1 Aufbau

Das von Christiane Nord entworfene „Zirkelschema des Translationsprozesses"[3] dient als Leitfaden dieser Arbeit, die aus diesem Grund wie folgt aufgebaut ist:

Zuerst wird ein „Übersetzungsauftrag" formuliert, der bestimmt, wie der Zieltext (ZT) auszusehen hat, bzw. welche die Zieltextfunktion sein soll.

Zunächst wird der Ausgangstext (AT) nach der Lasswell-Formel[4] analysiert und seine „Funktion-in-Kultur" festgestellt.

---

[1] s. Koller, Werner: Einführung in die Übersetzungswissenschaft. Wiebelsheim. 6., durchgesehene und aktualisierte Auflage 2001. S.45.
[2] s. Koller, Werner: Einführung in die Übersetzungswissenschaft. Wiebelsheim. 6., durchgesehene und aktualisierte Auflage 2001. S.45 (H.G.Carlson).
[3] Vgl. Stolze, Radegundis: Übersetzungstheorien –Eine Einführung. Tübingen. 3., aktualisierte Auflage 2001. S.211f.
[4] Vgl. Stolze, Radegundis: Übersetzungstheorien –Eine Einführung. Tübingen. 3., aktualisierte Auflage 2001. S.213f.

Es folgt die eigentliche Übersetzung: Bereiche und Faktoren des zu übersetzenden Textes, die aufgrund des Vergleichs zwischen Ziel- und Ausgangstextfunktion übersetzungsrelevant markiert sind, werden isoliert, um dann skoposorientiert in die Zielsprache (ZS) bzw. –kultur (ZK) übertragen zu werden.

Der letzte Teil der Arbeit ist die Übersetzungskritik. Dort wird der persönliche Gedankenverlauf während der Übersetzung des konkreten Textes beschrieben, einzelne übersetzerische Entscheidungen werden begründet und beurteilt, inhaltliche Zugaben und Defizite, sowie Änderungen aufgezeigt[5] und das Translat, also das Übersetzungsergebnis, überprüft, d.h. es wird danach gefragt, ob zweckadäquat und zielsprachlich flüssig formuliert wurde[6].

1.2 Ziel

Ziel des Übersetzerseminars ist es, den Teilnehmern einen Überblick über die wichtigsten übersetzungswissenschaftlichen Ansätze zu verschaffen, in ihnen Interesse für eigene, weiterführende Studien zu wecken und ihnen ein kritisches Problembewusstsein im Bereich der Übersetzungstheorien zu verschaffen, was unter anderem bedeutet, dass bisher eventuell nur praktisch wahrgenommene Übersetzungsprobleme theoretisch untermauert werden und neue bzw. noch unbekannte Lösungsmöglichkeiten vorgeschlagen werden.

In diesem Sinne soll ihnen folgende Arbeit die Möglichkeit geben, einige der im Unterricht angesprochenen Disziplinen in der Praxis anzuwenden, sowohl als Leitfaden ihres translatorischen Handelns, als auch in Form von Lösungen konkreter Problemkategorien.

2 Der Übersetzungsauftrag

Die Translation eines Textes, mit der ein Übersetzer von einem Initiator beauftragt wird, dient einem bestimmten Zweck und zwar dem der Erstellung eines Zieltextes, der für einen anderen Empfängerkreis einer unterschiedlichen Empfängerkultur als der des Ausgangstextes vorgesehen ist.

Dem „Zirkelschema des Translationsprozesses" von Christiane Nord zufolge beginnt der Übersetzungsprozess mit der Formulierung des „Übersetzungsauftrags" bzw. der „Zieltextvorgaben".
Dies ist folgendermaßen zu begründen:
Aus den Angaben des „Übersetzungsauftrags" ergeben sich die „Erwartungsnormen"[7] der Empfänger.

In erster Linie erwarten diese, dass sie den Text verstehen und zwar sowohl aus sprachlicher als auch aus kultureller Sicht. Um den Verständniserwartungen der ZT-Empfänger gerecht zu werden, muss der Übersetzer anhand des „Übersetzungsauftrags" als Erstes entscheiden:

---

[5] Vgl. Stolze, Radegundis: Übersetzungstheorien –Eine Einführung. Tübingen. 3., aktualisierte Auflage 2001. S.276 (Newmark)
[6] Vgl. Stolze, Radegundis: Übersetzungstheorien –Eine Einführung. Tübingen. 3., aktualisierte Auflage 2001. S.277 (Lederer)
[7] Vgl. Koller, Werner: Einführung in die Übersetzungswissenschaft. Wiebelsheim. 6., durchgesehene und aktualisierte Auflage 2001. S.108

- welches das für das bestimmte Medium (Magazin, Zeitung, Buch, Reiseführer usw.) angemessene Sprachniveau ist. Wie hoch oder niedrig dieses ist, hängt von der angesprochenen Leserschaft ab und resultiert aus Faktoren wie deren Bildungsstand, Sprachkenntnissen, Alter usw.

- Oben angeführte Faktoren in Verbindung mit weiteren, wie die soziale Gruppenzugehörigkeit, das Allgemeinwissen, die historisch-gesellschaftlichen Kenntnisse, das Fachwissen der Leser usw. bestimmen außerdem, wie der Übersetzer den ZT aus kultureller Sicht auf dessen Leserschaft „einzustellen" hat; also welche Elemente des AT er z.B. zufügen, weglassen oder verändern muss.

Außer den Text zu verstehen, erwarten die Leser auch, dass dieser eine bestimmte Wirkung auf sie hat. Wird z.B. für die Leser eines Magazins übersetzt, muss der Text informativ und unterhaltend sein. Die erzielte Funktion, die ebenfalls den Angaben des „Übersetzungsauftrags" entnommen wird, ist durch die entsprechende stilistische Gestaltung zu erreichen.

Die oben genannten Entscheidungen, die anhand des gegebenen „Übersetzungsauftrags" getroffen werden, sind Bestandteile der Handlungsstrategie, die der Übersetzer vor Beginn seiner Arbeit entwickelt und die er sich während des ganzen Prozesses vor Augen hält, um eine empfängergerechte Übersetzung zu produzieren.

Die Theorie auf die vorliegende Arbeit angewandt, wird von einem fiktiven Initiator folgender, ebenfalls fiktiver Übersetzungsauftrag formuliert:

> *Übersetzen Sie den Text für das deutsche Magazin „Stern". Der Artikel soll unter der Rubrik „Reise" erscheinen, die anlässlich des internationalen Tages der Frau (8.März) dem Thema „Frauen" gewidmet ist.*
> *Aufgrund der persönlichen Erfahrung des Autors wird der Artikel als Übersetzung aus dem Griechischen übernommen. Informationsgehalt, Sprachniveau und Funktion des AT sollen bewahrt, für fachspezifische Bezeichnungen von Stammesnamen, Schmuck- und Kleidungsstücken sollen die entsprechenden deutschen Termini verwendet werden. Das Layout (inklusive Farbfotos) des Originals wird in der Übersetzung übernommen.*

Der Initiator ist in diesem Fall die für die Rubrik „Auto, Sport und Reise" zuständige Redaktion des Magazins. Der Empfänger ist ein breit gefächertes Lesepublikum, das den Artikel zur Information und zur Unterhaltung liest und in Bezug auf das Sprachniveau durchschnittliche Ansprüche stellt.

3 Die Ausgangstextanalyse

Nachdem die Formulierung des „Übersetzungsauftrags" abgeschlossen und somit die „Funktion-in-Kultur"[8] des benötigten Zieltextes bestimmt ist, kann die Analyse des Ausgangstextes erfolgen. Wie bereits erwähnt, dient diese zur Feststellung der „Funktion-in-

---

[8] Vgl. Stolze, Radegundis: Übersetzungstheorien –Eine Einführung. Tübingen. 3., aktualisierte Auflage 2001. S.212f.

Kultur" des zu übersetzenden Textes. Aus dem Vergleich der Funktionen von AT und ZT ergibt sich dann, welche Elemente bewahrt und welche bearbeitet werden müssen.

3.1 Die Anwendung der Lasswell-Formel

Der AT wird im Folgenden anhand der „Lasswell-Formel" zerlegt. In der vorliegenden Arbeit wird jedoch die vorgegebene Reihenfolge der zu untersuchenden textexternen und –internen Faktoren nicht streng eingehalten, da es vorzuziehen ist, die Aspekte in einer logischen Reihe zu behandeln.

Der Artikel mit dem Titel «Γυναίκες του κόσμου» ist in der Zeitschrift «γεωτρόπιο», Heft Nr. 233, am 2. Oktober 2004 erschienen. Sie ist als Samstagsbeilage der griechischen Tageszeitung «Ελευθεροτυπία» beigefügt und beinhaltet Themen wie: Natur, Tiere, Pflanzen, Reisen, Kultur, Ethnologie u.Ä.

Als Bestandteil dieser in Athen herausgegebenen Zeitung ist das Magazin an Kiosken, Kurzwarenhandlungen und Zeitschriftenläden in ganz Griechenland erhältlich und richtet sich somit an ein breit gefächertes Lesepublikum: Griechen aller Altersgruppen und Bildungsniveaus, hauptsächlich Freizeitleser, die informiert und unterhalten werden wollen.

Verfasser des Hauptartikels ist ein *griechischer Forscher namens Bampis Bizas*[9] (Μπάμπης Μπίζας), der bereits alle 193 unabhängigen Länder der Erde bereist hat und mit den beschriebenen Stämmen persönlich in Kontakt getreten ist.

In «Γυναίκες του κόσμου» werden die Frauen 14 verschiedener Stämme auf den Kontinenten Asien, Afrika, Ozeanien und Amerika vorgestellt und insbesondere wird deren Koketterie beschrieben, so wie diese durch deren Schmuck, Kleidung und die besonderen, für ihren Stamm typischen Merkmale, Gewohnheiten und Traditionen zum Ausdruck kommt.

Das Nachwort enthält Informationen über die Stellung der Frau in Urgesellschaften und seine Funktion ist, das zuvor behandelte Thema zu verallgemeinern, um den Artikel zu beenden ohne ihn abrupt abzubrechen.

Zu dem 10 Seiten langen (S.18-27) Artikel gehören, abgesehen von dem Haupttext, eine kurze, zur Erläuterung des Titels dienende und eine zweite, etwas längere Einleitung, sowie ein von einem anderen Autor namens Kostas Spiliotis[10] (Κώστας Σπιλιώτης) verfasstes Schlusswort. Der Hauptartikel ist in kleine Abschnitte gegliedert, die sich jeweils einem Stamm widmen und geographisch nach Kontinenten geordnet sind. Durch die beigefügten Atlasausschnitte wird dem Leser veranschaulicht, wo sich die Länder und Kontinente, auf die Bezug genommen wird, genau befinden. Darüber hinaus wird der Artikel von 19 kurz erläuterten Farbfotos der beschriebenen Frauen begleitet, die besonders hilfreich erscheinen, da die bloße Beschreibung im Text oft nicht ausreicht, um sich genau vorstellen zu können, wie die beschriebenen Schmuckstücke, Tätowierungen usw. in Wirklichkeit aussehen. Ein weiterer Grund, warum die Illustration für den konkreten Text von großer Bedeutung ist, ist die Tatsache, dass die besonders farbenfrohen, ungewöhnlichen und somit auffallenden Fotos die

---

[9] und [10] Die Namen der Autoren wurden vom Übersetzer anhand der ISO-Regeln von 1997 transkribiert. s. International Standard ISO 843. Information and documentation. Conversion of Greek characters into Latin characters. First edition 1997-01-15. Corrected and reprinted 1999-05-01. Genève.

Aufmerksamkeit der Leser auf sich lenken und somit ihre Neugierde erwecken, den Artikel zu lesen.

Das Schema von Katharina Reiß hinsichtlich der „übersetzungrelevantenTexttypologie"[11] anwendend, lässt sich der Text[12] in erster Linie dem *informativen* Texttypen zuordnen, wobei auch Merkmale des *expressiven* und des *operativen* Texttyps zu erkennen sind.
So dient er zwar hauptsächlich zur Vermittlung von Information, ist jedoch nicht in Form eines trockenen Berichts geschrieben, denn er wird durch verschiedene Sprachmittel aufgelockert, wie z.b. wertende Ausdrücke[13], insbesondere Adjektive, die die Einstellung des Autors gegenüber dem Geschriebenen preis geben und direkte Redewiedergabe. Abgesehen von solchen senderorientierten Sprachelementen weist der Text auch Merkmale auf, die zur Herstellung von Kontakt zwischen Sender und Empfänger dienen, also den Leser mit einbeziehen: die direkte Anrede durch die 2. Person Plural (z.B. Z.85 der Übersetzung [Ü]), die indirekte durch die 2. Person Singular, die im Deutschen meistens mit „man" übersetzt wird (z.B. Z. 123 [Ü]); die Sprecherperspektive des „Ich-Erzählers" (Deixis), ausgedrückt durch die 1. Person Singular (z.B. Z. 76 [Ü]) und Plural (z.B. Z.69 [Ü]), die seine Einstellung gegenüber seinen Partnern preis gibt und den Leser somit dichter an den Verfasser und dessen Umfeld bringt; der appellwirksame Einsatz von Ironie (Z.95-96 [O]); Satzzeichen, wie Auslassungspunkte, Ausrufezeichen usw., die beim Leser Spannung erzeugen.

Das Informationsarrangement und die semantische Koordination betrachtend ist der Text eindeutig einem transparenten Stil[14] zuzuordnen, denn er ist leicht verständlich und eingängig lesbar.

Denselben Texttypen lässt sich auch das Nachwort zuordnen.

Die Autoren bedienen sich der Alltagssprache. Sowohl umgangssprachliche als auch gehobene Ausdrücke werden gemieden; es werden lediglich vereinzelte, für die Beschreibung bestimmter Gegenstände unabdingbare Fachausdrücke verwendet.
Auffallend ist der häufige Gebrauch von Adjektiven. Allerdings ist anzumerken, dass die normabweichende Wiederholung derselben Wörter, wohl dem persönlichen Stil des Verfassers zuzuschreiben ist, da dieses Phänomen eher untypisch ist für die griechische Sprache, die von einer lexikalischen Fülle gekennzeichnet ist.
Die Sätze sind, abgesehen von wenigen Ausnahmen, kurz, unkompliziert und überwiegend aktiv.

4 Die Übersetzungsstrategie und die Erwartungen vom ZT

Nach der Formulierung des Übersetzungsauftrags und der Analyse des AT und bevor der Übersetzungsprozess beginnen kann, muss der Übersetzer eine Reihe von Vorentscheidungen treffen, die festlegen, wie vorgegangen werden muss, um zur Synthese eines Translats zu gelangen, das seine kommunikative Funktion erfüllt, nämlich einen

---

[11] Vgl. Stolze, Radegundis: Übersetzungstheorien –Eine Einführung. Tübingen. 3., aktualisierte Auflage 2001. S.123f.
[12] Im Folgenden ist mit "Text" der Haupttext von Bampis Bizas gemeint.
[13] Vgl. Koller, Werner: Einführung in die Übersetzungswissenschaft. Wiebelsheim. 6., durchgesehene und aktualisierte Auflage 2001. S.106.
[14] Vgl. Stolze, Radegundis: Übersetzungstheorien –Eine Einführung. Tübingen. 3., aktualisierte Auflage 2001. S.185.

ausgangssprachlichen Inhalt einem der Ausgangssprache (AS) nicht mächtigen Empfänger zu vermitteln. Die Summe dieser Entscheidungen oder anders die „Übersetzungsstrategie" begrenzt sich an dieser Stelle auf die Aufzählung lediglich jener Entscheidungen, die für den Transfer der Grundstrukturen erforderlich sind, da die einzelnen Übersetzungsschwierigkeiten, die während der Übersetzungsprozedur auftreten, ausführlich in der Übersetzungskritik am Ende dieser Arbeit besprochen werden.

Aus dem Vergleich der Zieltextvorgaben und der Ausgangstextanalyse ergibt sich, dass sowohl die Funktion als auch das Sprachniveau des ZT dieselben sein müssen, wie die des AT.

Allerdings soll das Translat sowohl der ZS als auch der ZK angepasst werden. In Bezug auf die Sprache soll flüssig und normgerecht formuliert werden; das bedeutet, dass auf lexikalischer und syntaktischer Ebene Verschiebungen stattfinden müssen, die das Sprachenpaar Griechisch-Deutsch betreffen.

In Bezug auf den Inhalt sollen die Empfänger die Aussagen problemlos erfassen können, was unter Anderem die Beachtung pragmatischer Aspekte wie z.B. die empfängergerechte Übersetzung von Metaphern erforderlich macht.

Kulturspezifische Probleme werden bei der Übersetzung des konkreten Textes voraussichtlich nicht auftreten, da die Kultur von Ländern thematisiert wird, die sowohl für die griechischen als auch für die deutschen Empfänger fremd ist und somit kein Hintergrundwissen auf dieser Ebene vorausgesetzt wird.

Darüber hinaus muss erwähnt werden, dass eine gute Übersetzung auch die Verbesserung von evtl. aufgetretenen Fehlern des AT vorsieht. Um inhaltliche Fehler aufzuspüren, muss der Translator seine Arbeit mit einer gründlichen Recherchearbeit verbinden, indem er die Aussagen des AT, für deren Gültigkeit er nicht bürgen kann, hinterfragt, überprüft und ggf. verbessert.

5 Die Übersetzung

Koketterie in fremden Kulturen

Text- Fotos: Bampis Bizas

Einleitung 1:

Eine Reise dorthin, wo die Menschen eng mit ihrer Heimat verbunden leben und der Zwangsmodernisierung standhalten. Eine Reise zu den abgelegensten Orten auf der Welt; dorthin, wo es noch Menschen gibt, die mit Leidenschaft die Reinheit ihrer Kultur bewahren. Zu den Frauen, die dafür sorgen, dass die Bezeichnung „schönes Geschlecht" lebendig bleibt, obwohl sie in isolierten Urgesellschaften leben.

Einleitung 2:

Was uns auf unserer Rundreise von Anfang an bezauberte, war die weibliche Koketterie. Nur an sehr wenigen Orten –zwei oder drei vielleicht- standen die Männer eines Stammes oder einer kleinen Gesellschaft im Mittelpunkt der Schönheitspflege. In den meisten Fällen waren es jedoch die Frauen und das mit einem Stil, der oft schockierend wirkt. Bei allen anderen Geschöpfen auf der Welt sind es die Männchen, die mit schönen Farben, schönem Fell, farbenprächtigem Gefieder, beeindruckendem Geweih usw. ausgestattet sind. Das gilt jedoch nicht für die Menschen. Das weibliche ist das „schöne" Geschlecht, soviel steht fest. In den isolierten Urgesellschaften wird weiterhin leidenschaftlich dafür gesorgt, dass es so bleibt. Folgende Vorstellung der Völker soll die bedeutenden ethnologischen Studien, die von Zeit zu Zeit von Experten durchgeführt wurden, nicht ersetzen; Sie soll informieren und zwar im Licht des Reisenden, der die Tradition und die Bräuche jeden Volkes liebt und respektiert und sie als Teil der Weltkultur betrachtet.

ASIEN

Apatani (Nordostindien)

Indienreisende kommen mit einer eindimensionalen Ansicht darüber zurück, wie die Einwohner dieses unendlich großen Landes sind.
Nur Wenige wissen, dass asiatische Völker an den Abhängen von Osthimalaja leben, - dort wo die Grenzen von China (Tibet), Birma und Indien aufeinander treffen- die nichts mit den indoeuropäischen Flachlandbewohnern zu tun haben. In dieser Gegend unternahmen wir Ausflüge zu den Dörfern der Apatani, um die Frauen des Stammes zu sehen, über die wir so viel gehört hatten. Und tatsächlich erlebten wir einen Kulturschock. Die älteren Frauen pflegen immer noch den Brauch, ihre Nase zu durchstechen und auf beiden Seiten in die Löcher kleine, runde Pflöcke aus Holz zu stecken.
Auf den ersten Blick bekommt man den Eindruck, dass die Pflöcke in den Nasenlöchern stecken und dass die Frauen durch den Mund atmen. Dieser Eindruck entsteht zum einen, weil man die Nasenlöcher, im Profil betrachtet, nicht sehen kann und zum anderen, weil der Druck, den die Plättchen ausüben, die Nasenlöcher fast verschwinden lässt.
Die Tradition besagt, dass dieser Brauch der Apatanifrauen, der von einer eher entstellenden Koketterie zeugt, eingeführt wurde, um sie bei dem stärkeren Nachbarvolk, den Nishi, das die Dörfer der Apatani angriff, Güter an sich riss und die Frauen entführte, weniger begehrenswert erscheinen zu lassen.

Desia (Ostindien)

In den schattigen Straßen der Stadt Badigula begegneten wir den ersten Frauen, die den Fremden, die in ihrer Gegend landen, mit Vorbehalt und Scheu gegenübertreten. Tätowierungen sind den alten Völkern als dekoratives Element nicht neu. Man trifft sie auf jedem Kontinent an, sowohl bei Männern als auch bei Frauen. Was hier praktiziert wird, geschieht jedoch lediglich noch in Birma. Die Desia- Frauen bedecken ihr ganzes Gesicht mit einer tiefgehenden Tätowierung mit einem geometrischen Muster. Doch es handelt sich nicht allein um Tinte, sondern viel eher um tiefe Einkerbungen und die daraus erwachsenen Vernarbungen. Die Prozedur der Narbenbeibringung beginnt in jungem Alter und es dauert lange bis sie vollendet ist. Die Art und Weise, auf die die Tätowierungen angefertigt werden, ist schmerzvoll und kompliziert. Das Ergebnis ist kaum zu glauben. Wir machten uns auf den Weg in Richtung Süden. Und dann sahen wir sie. Mehr als 200 Frauen des Desia- Stammes aller Altersgruppen versammelten sich auf dem Jahrmarkt. Von jung bis alt, alle waren dort. Dutzende lächelnde Gesichter mit der tiefgehenden geometrischen Tätowierung begrüßten uns mit neckischen Ausdrücken und schallendem Gelächter. Eine Welt, die aussieht, als wäre sie dem Märchen „Herr der Ringe" entsprungen.

Dogria (Ostindien)

Wir erreichten eine Lichtung, auf der sich das Dorf der Dogria befand; ein misstrauischer Stamm, der vor einigen Jahrtausenden in die Hügel flüchtete, als die Indoeuropäer nach Indien kamen. Männer und Frauen sind in Tuniken gekleidet, wie alte Griechen; sie lassen ihre Haare lang wachsen und die einzigen Schmuckstücke beider Geschlechter sind die zahlreichen... Haarnadeln, die sie eng nebeneinander aufreihen und so ihre Haare auf meisterhafte Weise hochstecken.

Sie sind grimmig und wortkarg und wenn jemand versucht, sie zu fotografieren, ist die Antwort eine: Ohrfeige. Das hatte ich meinen Mitreisenden klargemacht, damit sie sich in Acht nehmen. Sirios aus Kalamata jubelte: „Endlich habe ich ihn gefunden! Diesen Stamm habe ich mein ganzes Leben lang gesucht. Den Stamm, der Ohrfeigen austeilt!" Und er sah Mitsa, die am Nörgeln war, und Martha, die sich beschwerte, die Agentur habe sie betrogen und sie hätten viel Geld bezahlt, bedeutungsvoll an.

...Sirios hatte Glück: er hatte sein „verheißenes Land" gefunden.

Bondo (Ostindien)

Onukadeli wird Sie verwirren. Einen Moment lang werden Sie glauben, sie befinden sich in Tansania oder im Norden Kenias, in Afrika. Der Grund Ihrer Verwirrung hört auf den Namen „Bondo". Einer der merkwürdigsten Stämme Indiens. Ein anthropologisches Rätsel austronesischer und negroider Stämme, das anscheinend noch viele Jahre ungelöst bleiben wird. Die Bondofrauen sind fast nackt, doch das ist nicht das Merkwürdige. Was ihnen den afrikanischen Stil verleiht, ist, dass sie ihre Haare ganz kurz scheren, genauso wie die Samburu und die Masai. Sie bedecken ihre Brust –nicht allzu beharrlich- mit einem Schwall von 40-50 Ketten, die an entsprechende der afrikanischen Stämme erinnern. Um ihre Taille tragen sie ein längliches Stück Stoff, das am Becken befestigt, mit einer Sicherheitsnadel provisorisch zusammengehalten wird und um so winziger erscheint, je mehr ihr Körper wächst.

Banjara (Zentralindien)

Das Banjara- Volk ist eines dieser halbnomadischen Völker, die man überall in Indien antreffen kann. Von der Küste Goas bis zu den Hochebenen von Andhra Pradesh. Typisches

Merkmal der Frauen sind die langen Haare und der von überall herabhängende, üppige Silberschmuck. Der frequentierteste Ort, an dem man sie antreffen kann, ist Bijapur bei Maharastra. Normalerweise verkaufen sie Gartenartikel auf den Märkten der Stadt, oder handeln mit allerlei kleinen Artikeln an Orten, an denen religiöse Feste stattfinden. Nicht wenige Ethnologen betrachten die Banjara als die Volksgruppe, von der alle Zigeunerrassen der Welt abstammen.

Da-Hanu (Nordwestindien)

Der Da-Hanu-Stamm ist kein ethnologisches Mysterium. Dass sie in den Tälern von Ladakh in 3.600m Höhe, an der Grenze zu West- Himalaja wohnen, könnte man vielleicht noch erwarten aber nicht, dass sie sich dem lamaistischen Buddhismus, der Religion des Dalai Lama und der Tibetaner anschlossen. Die Frauen schmücken sich mit echten oder unechten Blüten, hängen sich Ketten oder große Metallscheiben um den Hals und sind auf eine ungewöhnliche Weise kokett, die bei keinem anderen Volk Asiens anzutreffen ist. Die festliche Kleidung ist kunstvoll bearbeitet und wird auf Dorffesten und bei religiösen Zeremonien in den Klöstern von Ladakh getragen.

Laitou (Westbirma)

Wenn der Stamm der Desia aus Ostindien mit den geometrischen Tätowierungen beeindruckend ist, dann sorgt der Stamm der Laitou in der Gegend von Birma, der der übergeordneten ethnischen Gruppe der Chin angehört, für Sprachlosigkeit. Und auch wenn man schon einmal von den „Spinnenfrauen" gehört hat, so erscheint die Wirklichkeit trotzdem wie eine Illusion. Das ganze (wirklich das ganze!) Gesicht wird mit einer intensiven Spinnennetzmuster-Tätowierung bedeckt. Die Chin werden noch in eine zweite Gruppe unterteilt, deren Merkmal zum Einen die Tätowierung mit Blumenmuster ist und zum Anderen natürlich die Tatsache, dass die Frauen des Stammes auf kriegerische Weise... Pfeife rauchen. Um die Chin zu besuchen war eine richtige Expedition in die Berge von Birma und ein 4stündiger Aufstieg in die steilen und rutschigen Abhänge von Midath erforderlich.

Padong (Ostbirma)

Die Padong sind zweifellos die berühmtesten Frauen Südostasiens. Seit dem Jahr, in dem sie nach Thailand flüchteten, wurden die so genannten „Giraffenfrauen" noch viel berühmter. Es mag zwar so aussehen, doch in Wirklichkeit ist ihr Hals gar nicht lang. Da sie von klein auf die bis zu 14 Kilo schweren, spiralförmigen Messingketten um ihren Hals tragen, werden die Schultern heruntergedrückt und erwecken den Eindruck des langen Halses. Bei den meisten Stämmen neigen solche Bräuche dazu, auszusterben. Die Padong gehören jedoch zu jenen Ausnahmen, bei denen man kleinen Mädchen begegnet, deren Leben schon mit der schweren Halskette begonnen hat.

„Langhörnige" Miao (Südchina)

Der Ausflug auf die Berggipfel, wo die „langhörnigen" Miao leben, dauert, von der am nahesten gelegenen Stadt Südchinas aus, 14 Stunden. Insgesamt gibt es drei Dörfer, die von dieser Untergruppe der Miao, deren Beiname „die Langhörnigen" lautet, bewohnt werden. Die Bezeichnung ist darauf zurückzuführen, dass die Frauen ein Brett in Form von Hörnern an ihrem Hinterkopf befestigen, indem sie ein elf Meter langes Haarteil in der Form einer waagerechten „8" drum herum wickeln! Wegen der enormen Last werden die Stirnhaare im Laufe der Jahre ausgerissen und viele reife Frauen haben eine fortgeschrittene... Glatze. Die

Miao sind ein gut aussehender Stamm und die riesigen Köpfe mit der außergewöhnlichen Frisur schenken ihnen ein surreales Aussehen.

OZEANIEN

Dani (Westpapua)

Es gibt nicht viele Gründe, aus denen die Frauen der Dani stolz auf ihre Koketterie sein können. Aus dem simplen Grund, dass es bei den Stämmen, die auf Papua leben, die Männer sind, die besonders auf ihr Äußeres achten. Die Frauen sind die Vernachlässigten der Familie. In der Hierarchie stehen sie als Dritte; das bedeutet nach den Männern und den Schweinen, aber vor den Kindern. Sie tragen wenig Schmuck, doch sie genießen ein großes „Privileg". Sie sind diejenigen, die sich mit einem steinernen Beil ein Fingerglied abhacken werden, jedes Mal wenn ein enger Verwandter stirbt. Ziemlich viele Frauen sind auf dem Markt der Stadt Wamena, die sich im Gebirge von Westpapua (das zu Indonesien gehört) befindet, mit nur drei verbliebenen Fingern anzutreffen.

AFRIKA

Mursi (Südäthiopien)

Die Mursi gehören zu den unnahbarsten Stämmen Afrikas. Sie wohnen in den Tälern des Flusses Omo, in Südäthiopien. Die Männer laufen in ihrem Dorf vollkommen nackt herum, die Frauen nur mit entblößtem Oberkörper. Was die Frauen jedoch berühmt gemacht hat, ist der Brauch die Unterlippe horizontal aufzuschlitzen und eine einem kleinen Teller ähnelnde Scheibe aus Ton in den Einschnitt anzubringen. Im Laufe der Zeit dehnt sich die Öffnung und die Scheibe wird durch immer größere ersetzt.
Dementsprechend steigt auch der... Preis der Braut an der „Börse" der Ehekandidaten. Je größer die Scheibe, desto mehr Rinder muss der Bräutigam dem... zukünftigen Schwiegervater geben, um die Braut zu bekommen. Um zu essen oder zu schlafen, müssen sie die Scheibe herausnehmen und in diesem Fall hängt die Lippe herunter.

Samburu (Nordkenia)

Ziemlich vielen Besuchern Kenias bietet sich die Chance mit den Masai in Kontakt zu kommen, die in Gegenden in der Nähe der beliebten Parks wohnen, in denen Safaritouren stattfinden. Der Star von Kenia ist jedoch ein ihnen verwandtes Volk, das im fernen Norden ansässig ist. Die Samburu sind ein gut aussehender Stamm mit feinen Zügen, der dem Zweig der Nilvölker angehört. Die Frauen tragen anstelle von einfachen Ketten mehrfache Ketten-Ringe wie eine Krause um den Hals, die einen Durchmesser von bis zu 80 Zentimetern haben. In Wirklichkeit sind es die gleichen Ketten, die auch andere Völker auf der Welt tragen, mit dem einzigen Unterschied, dass sie die Perlen auf einen harten Draht anstelle von einer Schnur fädeln und dass die Ketten auf diese Weise wie eine riesige Scheibe abstehen. Ihre Haare schmücken sie mit Straußenfedern und anderem improvisierten Haarschmuck.

Bororo (Zentralniger)

Die Bororo gehören der übergeordneten Gruppe der Fulani an und sind wegen dem „la Cure salé" -Fest berühmt, auf dem die Frauen... ihre Ehemänner aussuchen. Die Frauen tragen kunstvolle Frisuren, um die sie sogar Spitzenfriseure beneiden würden. Sie stecken ihre Haare so hoch, dass der größte Teil nach oben gerichtet und leicht nach vorne gekippt ist und so erwecken sie den Eindruck, als seien es Helme.

Der Schmuck, den sie tragen, ist im Gegensatz zu anderen Nomaden, gering und besteht aus mehrfachen großen Ohrringen.

AMERIKA

Kuna (Panama)

Die Kuna sind eines der fotogensten Völker Lateinamerikas. Sie bewohnen die kleinen Inseln im S.- Blás- Archipel, bei Panama.

Die Frauen wurden wegen der kunstvollen, mit Applikationen verzierten Blusen „Mola" mit den intensiven, orangeroten Farben berühmt. Ansonsten tragen die Kuna sehr wenig Schmuck. Meistens tätowieren sie sich jedoch eine Linie ins Gesicht, die von der Stirn bis zur Nasenspitze reicht und ihrem breiten Gesicht einen lieblichen Ausdruck verleiht.

*Bampis Bizas ist Forscher und hat bereits alle 193 unabhängigen Länder des Planeten bereist.

SAGEN UND TRADITIONEN

Bei den so genannten ursprünglichen Stämmen und den verbliebenen traditionellen Gesellschaften hat die weibliche Gestalt eine wichtige Stellung in Sagen und Traditionen. Die weiblichen Gottheiten, die den männlichen, was ihre Geltung angeht, ebenbürtig, wenn nicht sogar überlegen sind, bezeugen die besonders wichtige Rolle der Frauen für das Überleben jedes Stammes. Auch was die beiden Geschlechter angeht ist eine Differenzierung nicht von großer Bedeutung in den Erzählungen über die Genealogie der Götter und die Herkunft der Welt, die bei den Gesellschaften der einheimischen Bevölkerungen noch erhalten sind. Meistens sind die Gottheiten Hermaphroditen und verfügen sowohl über männliche als auch über weibliche Eigenschaften. Bei den meisten traditionellen Gesellschaften hat die Persönlichkeit von Menschen und Göttern ihren Ursprung nicht in der besonderen Eigenart jeden Geschlechts, sondern in den kulturellen Merkmalen des Stammes. Die Frauen in diesen Gesellschaften sind im Allgemeinen damit beauftragt, nicht nur für die Fortpflanzung des Stammes, sondern auch für die Verewigung ihrer Traditionen und ihrer Kultur zu sorgen.

Bei bestimmten Stämmen wird den Frauen noch eine zusätzliche Ehre zugeteilt: die Kinder bekommen den Vaternamen einer Frau aus dem Familienkreis oder der weitläufigen Verwandtschaft. Dies kann die Mutter sein, aber auch die Tante oder die Großmutter.

Von Kostas Spiliotis

BILDER

- S.18: Hauptsächliches Kennzeichen des koketten Verhaltens der Samburu-Frauen sind die riesigen, bunten Ketten-Ringe.
- S.19: Die übliche Frisur der Bororo- Frauen aus dem Niger.
- S.20: Die Mursi wurden wegen der tönernen Scheiben, die sie in ihrer aufgeschlitzten Unterlippe befestigen, weltweit bekannt.
- S.21 (links): Typische weibliche Koketterie der Apatani.
- S.21 (rechts oben): Bunt und beladen sind die für die Koketterie der Banjara-Frauen stereotypen Schmuckstücke.
- S.21 (rechts unten): Sowohl für die Desia aus Indien, als auch für die Laitou aus Birma gilt die Tätowierung des ganzen Gesichts als höchstes Zeichen von Schönheit.
- S.22 (links oben): Haarklammern, Nasenringe, zahlreiche Ketten und strenger Blick einer Dogria- Frau.
- S.22 (rechts oben): Mehr als 12 Kilo ist die spiralförmige Messingkette der Padong schwer.
- S.22 (rechts unten): Rundum kokett.
- S.23 (oben): Minimale „Kleidung" aus Perlen und Samen ist bei den Dani Mode.
- S.23 (unten): Dekoratives „Spinnennetz" auf dem Gesicht einer Laitou aus Birma.
- S.24: Nein, sie ist keine Afrikanerin. Sie ist eine Frau des Bondo- Stammes aus Indien.
- S.25 (links): Halskette: Dekoration.
- S.25 (rechts oben): Die von der Stirn bis zur Nase reichende Linie und die Kleidung aus Mola- Stoff sind die Kennzeichen der Kuna.
- S.26 (links): Kurze Haare und ein Schwall von Ketten: so sind die Bondos „gekleidet".
- S.26 (rechts): Eine alte Frau des Desia- Stammes mit einer tiefgehenden Tätowierung mit geometrischem Muster.
- S.27 (oben): Die „langhörnigen" Miao legen das 11 Meter lange Haarteil zurecht, bevor sie auf den Markt gehen.
- S.27 (unten): Der Verfasser des Artikels mit einer jungen Schönheit des Da-Hanu- Stammes, irgendwo in den Schluchten des Indus- Flusses.

6 Übersetzungskritik

„Es ist Aufgabe der Übersetzungskritik, die Prinzipien, von denen sich ein Übersetzer leiten läßt, d.h. seine implizierte Übersetzungstheorie, durch den Vergleich von Original und Übersetzung(en) herauszuarbeiten; es geht dabei um die Rekonstruktion der Hierarchie von Äquivalenzforderungen, denen der Übersetzer in seiner Arbeit folgt."[15]

6.1 Eigene Vorgehensweise

In der vorliegenden Kritik wird als Erstes das eigene Verhalten beim Übersetzen beschrieben. Bei der Erstellung der konkreten Übersetzung haben folgende Bearbeitungsstufen stattgefunden:

Zuerst wurde das Original vorsichtig durchgelesen, unbekannte Wörter wurden in ein- und hauptsächlich zweisprachigen Wörterbüchern nachgeschlagen und es wurde sichergestellt, dass alle Bedeutungseinheiten erfasst wurden.

Anhand der Übersetzungsstrategie, die der Übersetzer an jener Stelle entwarf und während des Übersetzungsprozesses im Kopf behielt wurde der Text noch einmal absatzweise durchgenommen; Elemente, die evtl. bei der Übersetzung problematisch sein würden oder noch weitere Recherchearbeit erfordert hätten, wurden angestrichen und anschließend wurde spontan übersetzt.

Zunächst widmete sich der Übersetzer der Suche nach Lösungen für die aufgetretenen Probleme: In dieser Bearbeitungsphase zog er übersetzungswissenschaftliche Nachschlagewerke zu Rat, recherchierte im Internet, in Wörterbüchern, Enzyklopädien und Fachbüchern, zog Paralleltexte zum Vergleich heran, stellte Fachleuten Rückfragen. Auch der Autor des Artikels wurde aufgesucht, doch aufgrund seiner Abwesenheit konnte kein Gespräch mit ihm statt finden.

Es folgte die nochmalige, gründliche Überarbeitung des Entwurfs und der Vergleich mit dem Original, wobei nach versehentlichen Auslassungen gesucht und überprüft wurde, ob sinngemäß richtig übersetzt wurde.

Um sicherzustellen, dass zielsprachlich normgerecht und flüssig formuliert wurde, wurden in Anbetracht dessen, dass der Übersetzer in diesem Fall nicht in seine Muttersprache übersetzt hat, schließlich noch deutsche Muttersprachler gebeten, die endgültige Fassung durchzulesen und anzumerken, ob normabweichende Ausdrücke vorkommen. Außerdem würden dem Leser so evtl. noch weitere Stellen auffallen, die dem Übersetzer selbst aufgrund seiner intensiven Beschäftigung mit dem Text sonst entgangen wären.

6.2 Aufgetretene Übersetzungsprobleme

Laut Christiane Nord werden die Übersetzungsprobleme in vier Kategorien[16] eingeteilt: Es werden ausgangstextspezifische, pragmatische, kulturpaarspezifische und

---

[15] s. Koller, Werner: Einführung in die Übersetzungswissenschaft. Wiebelsheim. 6., durchgesehene und aktualisierte Auflage 2001. S.35.
[16] Vgl. Stolze, Radegundis: Übersetzungstheorien –Eine Einführung. Tübingen. 3., aktualisierte Auflage 2001. S.214.

sprachenpaarspezifische Übersetzungsprobleme genannt. Anhand dieser Kategorisierung werden nun die während der Übersetzung des konkreten Textes aufgetretenen Probleme beispielhaft aufgezeigt und ihre Lösungsansätze und jeweiligen Vorgehensweisen diskutiert.

Der Titel

Die ersten Schwierigkeiten traten schon bei der Übersetzung des Titels auf. Oft werden die Texttitel von den herausgebenden Redaktionen selber gesetzt, doch der Vollständigkeit dieser Arbeit halber wurde es als angemessen empfunden, die Schwierigkeiten beim Übersetzen eines Titels zu diskutieren und Übersetzungsvorschläge zu machen. Letztendlich befindet der Auftraggeber sowieso über die Akzeptanz der Übersetzung[17]. Als typischer Text ist auch ein Titel skoposorientiert zu übersetzen. So wird deutlich, dass es für einen Titel nicht nur eine mögliche Übersetzung gibt, sondern dass eine spezielle Zielsituation je nach Adressatenkreis, Medium, Funktion usw. unterschiedliche Übersetzungen verlangen kann. Die Funktionsanalyse des Ausgangstitels liefert das "Material" für die Übersetzung.

So wird als Erstes die Funktion des Originaltitels hinterfragt: Hauptsächlich bezweckt er den Leser über den Inhalt des dazugehörigen Textes zu informieren; aufgrund seiner einfachen, nominalen Form, die kein Wortspiel enthält und nicht auf der Zwei- oder Mehrdeutigkeit der verwendeten Wörter basiert, ist keine interesseweckende Funktion zu erkennen. Eine solche wäre, was den konkreten Text anbelangt, jedoch nicht erforderlich, da das Interesse der Leser schon mittels der Textillustration geweckt wird. Der Titel kann also auch in der Übersetzung schlicht bleiben, wie z.B. der gewählte Titel „Koketterie in fremden Kulturen". Man könnte natürlich wiederum bemerken, dass der Rahmen, in dem der Artikel erscheinen soll, also als Teil einer Serie über Frauen unter der Rubrik „Reisen", was den Zusammenhang mit fremden Ländern bereits andeutet, die Erwähnung von Wörtern wie „fremd" nicht mehr unbedingt erforderlich macht. Dementsprechend könnte der Titel z.B. „Frauen aus aller Welt" lauten. Hervorzuheben ist allerdings, dass sich der Artikel mit Kultur und insbesondere mit Koketterie befasst. Auf die wörtliche Übersetzung des Titels, „Frauen der Welt" wird verzichtet, da er weder im Original als besonders gelungen, noch die Entsprechung in der ZS als normgerecht gilt. Weitere Varianten, wie „Frauen fremder Kulturen", die Alliteration der Buchstaben „f" und „r" beinhaltet oder „Fremde Frauen, fremde Sitten", die ein Wortspiel enthält würden allerdings für eine interessantere Gestaltung des Titels sorgen.

6.2.1 Ausgangstextspezifische Übersetzungsprobleme

Stil des Autors

In Z.16 im Originaltext [O] wird das Wort «ωραία» «ωραίο» wiederholt, obwohl der Autor aufgrund des großen Wortschatzes im Griechischen ein anderes Wort hätte wählen können.

In Z.82 [O] wurde der Vergleich mit „alten Griechen" beibehalten, statt ihn durch „Römer" zu ersetzen, was der Übersetzer in Betracht gezogen hat, da deutsche Leser Tuniken wohl eher mit Letzteren verbinden würden.

Anzumerken sind auch Z.93-100 [O], in denen direkte Rede und Eigennamen (auch die Stadt Kalamata, die nicht ausdrücklich als griechische Stadt bezeichnet wird, da es für die

---

[17] Vgl. Stolze, Radegundis: Übersetzungstheorien –Eine Einführung. Tübingen. 3., aktualisierte Auflage 2001. S.215f.

Übersetzung keine Rolle spielt wo sich die Stadt befindet) vorkommen und den Text auflockern,
All die oben genannten Merkmale des AT werden in der Übersetzung unverändert übernommen, da sie zum persönlichen Stil des Autors gehören und somit für die Erhaltung der Textfunktion wichtig sind.

Verbesserung des AT

Da Übersetzen immer auch Bearbeiten ist, gehört es zu den Aufgaben des Übersetzers, fehlerhafte Stellen des AT mittels seiner Übersetzung zu korrigieren. So wurde in der vorliegenden Arbeit z.B. in Z.58 [Ü] das Wort „Prozedur" eingefügt und der Satz entsprechend angepasst, denn Narben können nicht „vollendet" werden.

In Z. 216-217 [O], in denen die Prozedur beschrieben wird, mit der die Mursi ihre Unterlippe durchstechen, steht «ο δίσκος μεγαλώνει». Da ziemlich unklar ist, was damit gemeint ist, wurde die Aussage überprüft und herausgefunden, dass die Scheibe im Laufe der Zeit durch immer größere ersetzt wird und es wurde entsprechend übersetzt.

In Z.164 [Ü] wurden Anführungszeichen zugefügt, da das Wort „Privileg" ironisch gemeint ist.

In Z.243 [Ü] wurde der Satz etwas verändert. Der Begriff «ευρύτερη οικογένεια» wurde anfangs mit „weitläufige Verwandtschaft" übersetzt, doch aufgrund der Tatsache, dass im nächsten Satz auch die „Mutter" dazugezählt wird, wurde später noch das Wort „Familienkreis" in der Übersetzung hinzugefügt.

6.2.2 Sprachenpaarspezifische Übersetzungsprobleme

Ein Problem dieser Kategorie ist z.B. die Übersetzung von «μικρές, μεγάλες, νέες, κοριτσάκια» in Z.72 [O], denn die Entsprechung sowohl von «μικρές» als auch von «νέες» ist im Deutschen „jung". Aus diesem Grund wurde hier der deutsche Ausdruck „von jung bis alt" gewählt, der den Inhalt des Originals wiedergibt.

Auch «ψέμα» (Z.124 [O]) kann in diesem Fall nicht wörtlich mit „Lüge" übersetzt werden, statt dessen wird das im Deutschen geläufigere „Illusion" vorgezogen.

In Z.205 [Ü] wurden Kommata anstelle von Gedankenstrichen verwendet, da diese im Deutschen nicht so üblich sind.

In Z.232 [Ü] wird «βιωσιμότητα» mit „Überleben" übersetzt, was zwar nicht die genaue Entsprechung des Wortes ist, jedoch in diesem Kontext gemeint ist.

Anpassung an die ZS

An manchen Stellen wurden minimale Änderungen vorgenommen, um das Translat den Sprachnormen der ZS anzupassen: z.B. wurde in Z.23 [Ü] das im schriftlichen Deutsch geläufigere Präteritum statt dem Perfekt verwendet, in Z.15 [Ü] wurden die Zahlen laut dt. Rechtschreibung ausgeschrieben usw.

Lexikalische Probleme und Recherchearbeit

> „Im Grunde sind Erläuterungen (in Form von Fußnoten) oft lediglich Ausdruck für die Mühe, die der Translator mit dem Text hatte. Der Translator

> *möchte das Ergebnis seiner Recherchen unbedingt vorlegen. Nichts dagegen. Nur sollte er dies m.E. nicht im Translat tun."[18]*

Im Folgenden werden die Recherchen und ihre Ergebnisse anhand von Beispielen beleuchtet.

Um die richtige Entsprechung herauszufinden, mussten verschiedene Ausdrücke nachgeschlagen werden. Solche waren z.B. «το ωραίον» in Z.8 [O] und «από το πρίσμα του ταξιδιώτη» in Z.23 [O], deren Bedeutung anhand des griechischen einsprachigen Wörterbuches vom «Ίδρυμα Τριανταφυλλίδη» festgestellt wurde, «Άριοι Ινδοευρωπαίοι» in Z.81 [O], dessen Inhalt in entsprechender Fachliteratur nachgelesen werden musste.

Schwierigkeiten bereitete auch die Bezeichnung von Schmuck- und Kleidungsstücken. Da der Auftraggeber der Übersetzung die Verwendung der entsprechenden dt. Termini verlangt, schien es ratsam Paralleltexte heranzuziehen.

Die Bezeichnung «μπρούντζινο» in Z.166 [O], die Paralleltexten zufolge in Z.136 [Ü] mit „messing-" übersetzt wurde, ist laut dem zweisprachigen Lexikon von PONS jedoch mit Bronze- zu übersetzen; um den Unterschied zu erfahren, wurde ein Chemiker befragt, der erklärte, dass Bronze eine Legierung aus Zinn und Kupfer sei, während Messing eine Legierung aus Zink und Kupfer. Da die chemischen Bestandteile in einem solchen Text jedoch nicht von Bedeutung sind, wurde die Bezeichnung bevorzugt, die in den Paralleltexten verwendet wurde.

Ein weiteres Problem bereitete das Wort «ροδέλα» in Z.47-48 [O]. Auch hier richtete sich die Übersetzung nach der in dt. Texten gefundenen Bezeichnung für die Schmuckstücke der Apatani, „Nasenpflöcke".

Aufgrund der Tatsache, dass man sich beim Lesen des AT anhand der ziemlich allgemeinen Begriffe in einigen Fällen kein genaues Bild der beschriebenen Schmuckstücke machen kann, wurde in der Übersetzung versucht, Ausdrücke zu finden, die sie möglichst konkret bezeichnen. Ein solches Beispiel ist z.B. das Wort „Krause" in Z.192 [Ü].

In Z.215 [Ü] wurde der Text aus folgendem Grund verändert: Dem gr. Text ist zu entnehmen, dass das Wort „Mola" eine bestimmte Art von Stoff bezeichnet. Nach gründlicher Recherchearbeit wurde jedoch festgestellt, dass das Wort in der Sprache der Kuna mehrere Bedeutungen hat, unter anderem bedeutet es Kleidung. Fachsprachlichen Texten zufolge werden als „Molakana" (Sg. Mola) die Kleidungsstücke bzw. die Blusen selbst bezeichnet.

Sowohl die Bezeichnung „steinernes Beil" in Z.164 [Ü] als auch die Ausdrücke „Einkerbungen", „Vernarbungen" und „Narbenbeibringung" in Z.57-58 [Ü] sind Paralleltexten entnommen, in denen der konkrete Gegenstand oder die Vorgehensweise genau beschrieben werden.

Was bei der Übersetzung des konkreten Textes besonders schwierig war und ein enormes Maß an Recherchearbeit erforderte, war, die lateinischen Entsprechungen von Orts-, Stammes- und anderen Namen herauszufinden, da diese durch ihre Transkription ins Griechische teilweise fast unmöglich zu erraten waren.

So wurden die Ortsnamen mit Hilfe von Phantasie und Geduld durch mehrere Eingabeversuche in verschiedenen Schreibweisen in Suchmaschinen im Internet oder durch

---

[18] s. Koller, Werner: Einführung in die Übersetzungswissenschaft. Wiebelsheim. 6., durchgesehene und aktualisierte Auflage 2001. S.271 (M.Ammann)

die Studie von Weltatlanten ausfindig gemacht; Manchmal ergaben sich dadurch sogar mehrere Varianten wie z.B. das Land «Μιανμάρ» (Z.40 [O]), für das im Deutschen die Schreibweise „Myanmar" zwar zulässig ist, jedoch die frühere Schreibweise „Birma" oder „Burma" in Paralleltexten öfter vorkommt.

Auch bei den Stammesnamen bestand dasselbe Problem. Hier wurde hauptsächlich mit Parallel- und Fachtexten gearbeitet. Anhand dieser wurde die Schreibweise überprüft (z.B. wird die Volksgruppe der «Κούνια» im Deutschen „Kuna" genannt). In manchen Fällen traten besonders viele verschiedene Varianten auf: z.B. für «Νίσι» (Z.54 [O]) die Bezeichnungen „Nyishi", „Nishi" und „Nishang" für «Μιάο» die Varianten „Meo", „Meau", „Hmu", „Hmong" für Bororo die Eigennamen „Wodaabe" und „Mbororo'en" und für «Φουλανί» (Z.241 [O]) die Bezeichnungen „Fulbe", „Peul" (im frankophonen Afrika), „Fulani" (im anglophonen Afrika) neben den Ethnonymen „Ful", „Fula", „Fellani", „Fellata". Besonders zeitaufwändig war auch die Suche nach den «μακρυκέρατες Μιάο» (Z.174 [O]), da in den meisten Fachbüchern lediglich die Untergruppen „blaue", „schwarze", „rote", „weiße" und „Blumen-", (Namengebung nach Farbe der Frauentrachten) erwähnt werden. Die Lösung fand sich schließlich in einem Paralleltext im Internet.[19]

Die in Z.203 als „Cure salé" bezeichneten Feste, bei denen es sich um „Salzkurfeste" handelt, konnten ebenfalls nur mit Hilfe von Paralleltexten aus dem Internet übersetzt werden (gr. Schreibweise «κιούρ σαλέ»).

Auch die genaue Bedeutung des Begriffs «Άριοι Ινδοευρωπαίοι» in Z.81 [O], musste zuerst nachgeforscht werden, bevor dieser ins Deutsche übersetzt werden konnte. Es stellte sich heraus, dass das Wort „Arier" ursprünglich die Sprecher der „Indogermanischen" (oder anders der „Indoeuropäischen") Sprache bezeichnete, dass die Bezeichnungen „Arier" und „Indoeuropäer" also synonym verwendet wurden. Aufgrund des Missbrauchs, den die Nationalsozialisten mit dem Begriff "Arier" jedoch getrieben haben, verwendet man die Bezeichnung heute und besonders im Deutschen nicht mehr als Synonym für "Indogermane". So wurde letztendlich lediglich mit „Indoeuropäer" übersetzt.

6.2.3 Pragmatische Übersetzungsprobleme

Der zu übersetzende Text handelt zwar nicht von der griechischen Kultur, jedoch ist der Autor selber Grieche und an zwei Stellen bezieht er sich auf Dinge, die das kulturelle Hintergrundwissen der Leser des AT voraussetzen.

Erstens das Wort «αρειμανίως» in Z.152 [O], dass sich auf den olympischen Gott des Krieges «Άρης» bezieht und somit in diesem Kontext bedeutet, dass die Haltung der Frauen beim Rauchen der Pfeife etwas Streitlustiges an sich hat. Laut DUDEN existiert zwar das Lexem „martialisch", was die Bedeutung von „verwegen", „kriegerisch" hat und somit seine genaue Entsprechung darstellt, jedoch wurde die Verwendung des Wortes „kriegerisch" für die konkrete Übersetzung als geeigneter empfunden, da vom Zielpublikum nicht erwartet werden kann, dass es über das für das Verständnis der Wortbedeutung erforderliche Hintergrundwissen verfügt.

Die zweite Anspielung auf die griechische Kultur erfolgt in Z.100 [O]: der Autor bezieht sich auf die Insel „Ithaka", deren Erwähnung bei den griechischen Empfängern Konnotationen auslöst, bei den deutschen jedoch nicht. Um dem Zielpublikum gerecht zu werden, musste

---
[19] s. www.lotus-reisen.de/pdfs/china_minderheit.pdf

der Ausdruck also so umgewandelt werden, dass er die entsprechende Wirkung auf die Leser des ZT hat. Die Übersetzung mit „verheißenes Land" (Z.81 [Ü]) wurde gewählt, weil dieser Ausdruck ebenfalls „das lang Erstrebte" symbolisiert, „das, wonach lange gesucht wurde". Dieser Ausdruck scheint eine gelungene übersetzerische Entscheidung zu sein, da er nicht für das steht, was die erwähnte Person schon einmal in Erfahrung gebracht hat und nun vermisst, was die Bedeutung des Wortes im Original impliziert, sondern für das, was nach langem Suchen endlich entdeckt wurde.

Metapher

Ein weiteres pragmatisches Problem bestand in der Übersetzung der Metapher in Z.112 [O]. Hier handelt es sich in Anlehnung an R. van Broek[20] um eine „private" Metapher, obwohl sie auch als „konventionalisierte" Metapher bezeichnet werden könnte, da keine scharfe Grenze zwischen den beiden Kategorien gezogen werden kann. Das Übersetzungsproblem wird durch die Methode der „Substitution" gelöst, d.h. das der AS-Metapher zugrunde liegende Bild wird in der ZS durch ein anderes Bild ersetzt, auch wenn die Bilder, zumindest metaphorisch gesehen, nicht grundverschieden sind. Bei der Übersetzung von «χείμαρρος» mit „Schwall", wird nach U. Kjär[21] das „Verfahren I: okkasionelle Metapher im Original→ okkasionelle Metapher in der Übersetzung" befolgt.

6.3 Beurteilung der Arbeit

Nach der Fertigstellung des Translats und seiner Betrachtung als Ganzes könnte man nun abschließend sagen, dass die angestrebten Ziele im Großen und Ganzen erreicht wurden, und zwar in einem befriedigenden Maße. Die Perfektion stellt indessen ein theoretisches Ziel dar, das schon allein aufgrund der Tatsache, dass die Rezeption von Texten durch die Individuen verschiedenartig ist und die vom Übersetzer getroffenen Entscheidungen bezüglich der Wortwahl, der Ausdrucksweise usw. nicht bei allen Empfängern die erzielte Wirkung haben können, in der Praxis kaum zu erreichen ist. Denn aufgrund der persönlichen Erfahrungen jedes Menschen, wie z.B. seiner Bildung, seiner Erziehung, seiner Herkunft usw. werden beim Lesen eines Textes unterschiedliche Assoziationen ausgelöst. Auch das Sprachgefühl von jedem Menschen ist unterschiedlich; so kann ein gewählter Ausdruck dem Einen richtig, dem Anderen dagegen auffallend normabweichend oder sogar falsch vorkommen.

Abgesehen von der Übersetzung selbst und der Schwierigkeit den Erwartungen aller Rezipienten gerecht zu werden, wurden die Ziele der Seminararbeit dennoch erreicht. Durch die intensive Beschäftigung mit der Übersetzung eines konkreten Textes und den Versuch alle dabei aufgetretenen Schwierigkeiten zu überwinden, bot sich der Verfasserin dieser Seminararbeit die Gelegenheit wertvolle Erfahrungen im Bereich der Übersetzung zu sammeln, sowohl in Bezug auf den Umgang mit den verschiedenen zur Verfügung stehenden Hilfsmittel, wie z.B. das Internet, Lexika, Enzyklopädien, Nachschlagewerke, Fachliteratur usw., als auch was das Wahrnehmen der eigenen Schwächen und Stärken angeht.

Darüber hinaus konnten die zuvor einstudierten Übersetzungstheorien durch ihre praktische Anwendung besser eingeprägt werden und dienten als Leitfaden bei der Beschreibung und der anschließenden Behandlung der während der Übersetzung aufgetretenen Probleme.

---

[20] vgl. Koller, Werner: Einführung in die Übersetzungswissenschaft. Wiebelsheim. 6., durchgesehene und aktualisierte Auflage 2001. S.254.
[21] vgl. Koller, Werner: Einführung in die Übersetzungswissenschaft. Wiebelsheim. 6., durchgesehene und aktualisierte Auflage 2001. S.255.

Quellenverzeichnis

Barnard, Alan/ Spencer, Jonathan: Encyclopedia of social and cultural anthropology. Routledge London &New York. 1996.

Duden: Die deutsche Rechtschreibung. Bibliographisches Institut &F.A. Brockhaus AG. Mannheim. 2004.

Koller, Werner: Einführung in die Übersetzungswissenschaft. Wiebelsheim. 6., durchgesehene und aktualisierte Auflage 2001.

Lindig, Wolfgang: Lexikon der Völker –Regionalkulturen in unserer Zeit. Verlag C.H. Beck. 1986.

Stolze, Radegundis: Übersetzungstheorien –Eine Einführung. Tübingen. 3., aktualisierte Auflage 2001.

Wahrig: Deutsches Wörterbuch. Bertelsmann Lexikon Verlag GMBH. Gütersloh/ München. 2000.

Internetquellen

www.arier.definition-info.de
www.arier.knowbe.de/Arier_22438.html
www.daniel-vanek.at/aethiop/mursi.htm
www.de.encarta.msn.com/encyclopedia_761553922/Austronesische_Sprachen.html
www.dieterhenze.com/Main.html?/infohandbeil.html
www.dieterhenze.com/Main.html?/infohandbeil.html
www.tattooscout.de/stories/diverses/afrika/index.html
www.lotus-reisen.de/pdfs/china.minderheit.pdf
www.mola-kunst.de/frames/info.html
www.muz-online.de/asien/indonesia.html
www.neuenhofer.de/guenter
www.neuenhofer.de/guenter/aethiopien/suedaethiopien.html
www.neuenhofer.de/guenter/Arunachal/arutexte.html
www.neuenhofer.de/guenter/Arunachal/arutexte.html
www.nornirsaett.de/doc/ario/artikel1.html
www.pro-tran.de/Laender-Information/Indien.html
www.siamline.de/rundreisen/maehongsor.3.htm
www.studienreisen.at/a/65b.htm
www.tajreisen.de/html/ladakh-leh-indien.html
www.vwbus.dyndns.org/bulli/michaelk/sahara/glossar.htm
www.westafrika.de/lni-folklore.htm

Anmerkung: Das Titelbild „Bondofrau" stammt aus der Internetseite:
http://www.neuenhofer.de/guenter/

www.ingramcontent.com/pod-product-compliance
Lightning Source LLC
LaVergne TN
LVHW041644070526
838199LV00053B/3551